LES CENT PLUS BELLES DEVINETTES

I.S.B.N. : 2-07-056192-5
Titre original : Book of riddles
Publié par Jonathan Cape limited

Numéro d'édition : 31923
Dépôt légal : octobre 1983
Imprimé en Italie par Pizzi

LES CENT PLUS BELLES DEVINETTES

Conception et illustrations de Monika Beisner
Poèmes français de Jacques Charpentreau

Gallimard

Pour Johannes

Gardiens du jardin des mystères,
Nous savons attendre et nous taire.
Nos secrets seront dévoilés
À ceux qui nous feront parler.

1

J'ai la queue fine et la fourrure grise.
De ville ou des champs, je vis à ma guise.
Cabane ou palais, cuisine ou trésor,
Je sors de chez moi lorsque tu t'endors.

2

Vert à pied, boule à feuilles,
Cœur frisé, on me cueille.
Qui suis-je ?

3

Dites-moi qui est-ce qui
Peut voyager jour et nuit
Sans jamais quitter son lit ?

4

Je dors le jour,
Vole la nuit,
Sans plumes pour
Mon vol qui fuit...
Mais je souris.

5

Il a quatre pieds mais ne marche pas
Il a une tête et n'a pas de voix.

6

Flac ! Flic ! Floc !
S'il sort, il suffoque.
Floc ! Flac ! Flic !
Il descend à pic
Flic ! Floc ! Flac !
Tout au fond du lac.

7

Le tendre gazon, c'est mon tapis préféré.
Folâtrer, insoucieux, c'est ma joie sans pareille.
J'ai une courte queue, mais de longues oreilles.
Si quelqu'un m'a posé, vous me retrouverez !

8

Mon premier se maintient toujours droit sous un point ;
Mon deuxième se trouve en regardant la fin ;
Et mon tout
Ouvre la nuit ses yeux pour regarder les choux,
Les bijoux, les genoux, les cailloux, les joujoux
Et les poux.

9

Pâle, pâlot, poli, placide est mon visage.
Il est environné d'étincelles de feu.
Solitaire, la nuit, il attire les yeux.
Le jour le rend blafard, le grand soleil l'outrage.
Parfois, je diminue, et, tout maigre, je suis
Un croissant trempé dans le café de la nuit.

10

Où force, rage, ni violence
Ne sont parvenues à passer,
Je fais un tour, et c'est assez
Pour triompher avec aisance.
Tant de gens seraient à la rue
S'ils m'avaient perdue !

11

Belle,
Parce qu'il gèle.

Dure,
Par la froidure.

Lisse,
Pour que tu glisses.

12

L'hiver a bien du talent :
Il dessine au crayon blanc
Des arbres étincelants.

13

Ron, ron, ron, petit patapon,
Les quatre sœurs tournent en rond,
L'une après l'autre tourneront,
Rond, ron, ron, tournicoteront,
Les robes blanches voleront
Au vent fripon des environs,
Les quatre sœurs tournent en rond,
Jamais ne se rattraperont,
Ron, ron, ron, petit patapon.

14

Il porte plume et n'écrit pas,
Il n'a pas de *l* mais il vole,
Il peut voyager sans boussole
Et faire des ronds sans compas.

15

Un blanc tapis,
Avec ses fronces et ses plis
Que l'hiver
A tiré pour cacher la terre.

16

Il est glacé mais n'a pas froid,
Il a deux yeux mais ne voit pas,
Une bouche et n'a pas de voix,
Il a des bras sans mains ni doigts,
Jamais ne court ni ne s'assoit,
Quand il fait chaud, il n'est plus là...

17

Qu'est-ce qui a :
6 jambes,
2 têtes,
4 oreilles,
2 mains,
Mais se tient
Sur 4 pattes ?

18

Au jardin du mystère où la neige est silence,
Je garde les secrets des sables du désert.
Et les feux de l'été brillent en plein hiver
Quand mes yeux fascinants montrent leur vigilance.

19

En chocolat, en bronze, ou en argent doré,
Bonne au goûter, grave à l'église, légère au pré.

20

Toit de fer
Murs de verre
Une chambre
Où ça flambe

21

Ventre de lin,
Cou de satin,
Aile en faucille,
Babil en trilles,
Plumes de tulle,
Vol en virgule,
Œil de velours,
Et voyage au long cours.

22

Je coupe, je fends,
Je chante, je mords,
Mettez sans remords
Le bois sous mes dents.

23

Au fronton des campaniles
Avec mes aiguilles
Ce sont les heures que je couds
Bout à bout.

24

A son pied
S'assied
Le Roi des nains.
C'est le parapluie des lutins.

25

Mon premier n'est pas froid,
Mon deuxième est certain,
Mon tout, sur le chemin,
Marche avec moi.

26

Un guidon de vélo,
Un souple chasse-mouches,
Deux billes de loto,
Une râpe en la bouche,
Un costume de cuir,
Une panse à remplir,
Une sirène, un pis,
De l'herbe belle et bonne,
Assemblez, et voici
Que l'usine fonctionne.

27

Je pars, je m'élance,
Je vole et je danse,
Je glisse et je flâne,
Je monte et je plane,
Plus haut que la France,
Dans le ciel immense !
Hélas ! Je m'abaisse :
Ma chère maîtresse
Tire sur ma laisse...
Finies, les vacances !

28

Une des drôles de chaussures
Pour galoper à toute allure
Vers l'aventure.

29

Une chambrette
Sans porte ni fenêtres.
Aux murs d'opale,
Une tenture pâle.
S'y tient caché,
Sans plafond ni plancher,
Un soleil d'or,
Mystérieux trésor.
Mais pour le prendre,
Il faut casser la chambre.

30

Combien de points ?
Combien d'années ?
S'envole au loin
Ma destinée.
Petites ailes
S'en vont aux cieux
Près du bon Dieu...
Qui donc est-elle ?

31

Le vieux Monsieur Palmipalmette
Pati-pataugeait dans la mare
Chaussis chaussures et chaussettes
Jaunis jaunâtres et jaunares
Col vert ruban bleu de gala
Trompe trompette trompinette
Boueux bouseux à petits pas
Devinez cette devinette

32

Élégante, dans son gilet
Rayé,
Elle fréquente tous les cœurs
Des fleurs :
C'est la fabricante officielle du miel.

33

Il y avait une petite maison verte ;
Et dans la petite maison verte,
Il y avait une petite maison brune ;
Et dans la petite maison brune,
Il y avait une petite maison jaune ;
Et dans la petite maison jaune,
Il y avait une petite maison blanche ;
Et dans la petite maison blanche,
Il y avait un petit cœur tout blanc.

34

Pour commencer, j'ai le teint blanc.
Pour continuer, je verdis.
Après, je deviens rouge-sang.
Pour finir, noire comme nuit.

35

Mon premier coupe les branches
Mon second soutient les branches
Mon tout pousse sur les branches

36

Mon premier n'aime pas l'école
Mon deuxième est parfois en sol
Mon tout s'envole vole vole

37

Jolis, joyeux joyaux,
Ces rubis à noyau,
Ronds, rouges ou vermeils,
Font des boucles d'oreilles,
Des billes pour les anges.
Cependant, tu les manges.

38

Quand le soleil surgit,
Timide, elle rougit.

39

Quand on le détache, il déploie ses ailes,
Il incline au vent ses antennes frêles,
Il fuit la tempête et le calme plat,
Il aime l'espace et ne vole pas.

40

Toujours plus loin, toujours plus haut,
Un saut, deux sauts, trois sauts,
Dans l'air un peu, dans l'eau parfois,
Quoi ? Quoi ? Quoi ?
Quoi ? Quoi ? Quoi ?

41

Le petit gris
Sort de chez lui
Sans quitter sa maison.

Puis il bourgeonne
Ses quatre cornes :
La pluie est de saison.

42

Sans couleur, sans yeux, sans visage,
Sans forme, partout je voyage,
Sous la terre ou dans les nuages,
A travers mille paysages,
Au fond des puits, dans les orages,
Au creux des mains, sur les vitrages,
Je peux monter dans les étages,
Et je m'étends au long des plages.

43

Plus on l'aperçoit
Moins on voit.

44

Plombier du fond des mers,
Il faudrait que tu vinsses
Fermer les fuites d'air
Avec tes doubles pinces.
Mais tu vas de travers !

45

On peut marcher tout droit et tourner en rond
Dans cette prison.

46

On m'enchaîne, je me traîne
(Ma cousine fait des siennes)

On me jette, je m'attache
(Ma cousine fait des taches)

On me tire, je sursaute
(Ma cousine fait des fautes)

On m'enlève, je remonte
(Ma cousine n'a pas honte)

On me reprend, je me cache
(Ma pauvre cousine à taches !)

47

On les trouve la nuit sans qu'on les ait cherchées ;
Mais on les perd le jour sans qu'on les ait volées.

48

Va-nu-pieds, vantard, vaniteux,
Il a pourtant des éperons.
Déguenillé, nécessiteux,
Dans son royaume il tourne en rond.

Acrêté, bouffi, boursouflé,
Il triomphe sur le fumier,
Car chaque matin au réveil,
Il fait revenir le soleil.

49

Dans mon premier, mille kilos ont rendez-vous.
On ne met pas souvent mon second dans mon tout.
Cependant, dans mon tout, on a bouché les trous.

50

Manche sans bras
Cheveux sans tête
Mais tête en bas
C'est à l'endroit
La place est nette

51

On me vend, on m'achète,
On me coupe la queue,
On me dénude un peu,
Puis on me fend la tête...
Vous êtes sans pitié,
Et pourtant, vous pleurez.

52

Je suis l'animal des merveilles :
Au plafond, quand je suis pendu,
Je donne des œufs tant et plus ;
Ma queue peut ouvrir les bouteilles ;
On aime mes pieds et mon dos,
Mes cuisses, ma peau, mes boyaux ;
Je suis sale et couvert de soies ;
Je suis rose et souvent grognard.
Qui suis-je ? Ne trouvez-vous pas ?
Pourtant, c'est l'enfance de lard.

53

Un pouce et quatre doigts
Ni chair n'est là
Ni sang n'y bat.

54

Ce qu'on me confie
Je le multiplie.

55

Petits grains de soleil,
Verts, jaunes, noirs, vermeils,
Petits grains de rosée,
Lisses, ronds, irisés,
Je vous cueille et je touche
La joie du jour naissant,
Je vous mange et je sens
Le soleil en ma bouche.

56

Qu'est-ce qui a des dents
Sans nous mordre pourtant ?

57

L'enfant de son père
L'enfant de sa mère
Le fils de personne

58

Doux, doux, tout doux,
La douceur est en nous :
Notre toison de laine,
Nos yeux de châtelaine,
Notre cri notre peine.

Doux, doux, tout doux,
La brise du mois d'août
Mesure son haleine
Quand l'été dans la plaine
Nous n'avons plus de laine.

59

Qui peut sauter
Sans jambes, sans pieds ?

60

J'ai la taille fine et frêle
J'ai la voix charmante et belle
Chante chante chanterelle

L'âme éprise d'un archet
Quatre cordes quatre clés
Chante chanteuse enchantée

Quand le jeu est réussi
Vos deux mains me remercient
Do ré mi fa sol la si

61

Qu'est-ce qui court autour
Du jardin sans bouger ?

62

Le printemps repeint la salle des fêtes,
La campagne a mis sa verte moquette.

63

Bleus, noirs, verts, nous sommes deux frères.
L'un ne voit pas l'autre, et pourtant
On peut nous voir en même temps,
Petites prunes familières.

Nous pouvons fermer nos volets :
S'éteignent nos petites flammes.
Nous sommes les miroirs de l'âme,
Des larmes peuvent nous voiler.

64

On en a besoin
Pour jouer du piano
Pour tourner le foin
Pour peindre un tableau
Pour donner des soins
Pour porter l'anneau
Pour faire un shampooing
Pour remplir un seau
Pour fermer le poing
Pour couper du veau
Pour boucher un coin
Pour prendre un gâteau
Pour être témoin
Pour jouer du pipeau
Pour écrire FIN.

65

Petite reine, ma reinette,
Rouge dehors, blanche dedans,
Je te frotte, je t'astiquette,
Puis je te croque à belles dents.

66

Chaque jour, je voyage en France,
Mais je connais le monde entier.
Dès l'origine, j'ai régné.
Je continue ma transhumance.
À travers jardins et cités,
Sans jamais me précipiter,
Je passe partout en silence.
Je donne couleur et santé.
On voudrait pouvoir m'arrêter,
Car tout est sombre en mon absence.

67

Je m'ouvre grand, je ferme sec
Avec un claquement du bec.
Je coupe papier ou varech,
Fil ou tissu, jamais d'échec,
Et parfois même un doigt avec.
Soyez prudent comme un fennec
En passant de l'x à l'y.
C'est un conseil. Salamalec !

68

Regardez-le ! Regardez-le !
Le spectacle commence en queue,
Il avance majestueux,
À sa roue sont fixés les yeux,
Regardez-le !

69

6 faces chacune à sa place
8 sommets distants à jamais
12 arêtes qui sont toujours prêtes
21 points noirs pleins d'espoirs
Combien de chances
Quand tu me lances ?

70

Je suis sans voix et cependant
Je te parle, et toi, tu m'entends.
Tu me reconnaîtras peut-être :
Sans être facteur, j'ai des lettres ;
Sans être un arbre, j'ai des feuilles ;
Sans être reine, j'ai des pages...
Pour tous mes amis je partage
Les histoires que je recueille.
Je contiens mille personnages,
Des pays, des chansons, des fêtes,
Même parfois des devinettes !

71

Une chose que l'on peut voir,
Qu'on ne peut prendre ni toucher,
Courte à midi, longue le soir,
L'hiver perdue, l'été cherchée,
Fidèle, chacun a la sienne,
Tu ne peux marcher sur la tienne.

72

Sans la brider, sans la seller,
La monture est sans cavalier.

Les branches sont sans fleurs ni feuilles,
Mais deux oreilles les accueillent.

Deux verres polis, comme il faut,
Pourront corriger vos défauts.

73

Longues pattes long cou long bec et
longues ailes
Voyageuse au long cours
Si court le temps d'été à Strasbourg mes
amours
L'hiver est long sans elle

74

Éclose pour te consoler,
Je suis la fleur qui sait voler.

75

Tisseuse de la soie fine,
La robe de Mélusine
Fut ton œuvre, c'est certain.
Plus légère que la brise,
Ta toile invisible a prise
Dans la fraîcheur du matin
Les perles de la rosée
Où les fées se sont posées
A l'appel bleu du destin.

76

– Houp ! Houp ! Houppelande !
Mes lèvres se fendent,
Je croque en gourmande
Le chardon exquis.
Mes muscles se bandent,
Je fuis sur la lande,
Je prends le maquis.

Hou ! Hou ! Hou les cornes !
Je ne suis pas borgne,
Mes yeux vifs te lorgnent,
Ne viens pas trop près !
Respecte les bornes,
Sinon je t'encorne
Au tronc d'un cyprès !

– Houp ! Houp ! Houp ! Houppette !
Par la barbichette
De ma tante Huguette
Ta danse me plaît !
Ma fière Blanchette,
Sors de ta cachette,
Donne-moi ton lait !

77

Sans yeux, sans bouche,
Elle a deux bras.
Quand elle va,
Ses pieds ne touchent
Jamais la terre.
Tourne sa tête.
Elle s'arrête
Besogne faite.
Quel grand mystère !

78

Des dents sans manger
Mais pas sans danger.

79

Noisette rousse ou feuille morte ?
Je saute et file comme un trait,
Car la queue que je porte
Est le point d'interrogation de la forêt.

80

Je vais de maison en maison,
Parfois large, parfois étroit,
Qu'il fasse chaud, qu'il fasse froid,
Jour et nuit, en toute saison.
Mais déplorez mon triste sort
Car je reste toujours dehors.

81

Le frère et la sœur, la mère et le père,
L'une après l'autre paire,
Ils courent, courent, mais
Ils ont beau faire,
Ils ne se rattrapent jamais.

82

Méfiez-vous de moi :
Mon petit bout de bois
Porte le feu sur lui.
Voyez ! La flamme a lui !

83

Petit point Petit pas
Petit nœud Longue queue
Diminue peu à peu
Petit point Petit chas

84

Elle a mis
Son habit
De gala :
Noir et blanc,
C'est son grand
Tralala.

La voleuse,
La pilleuse,
Ce matin
A songé
À ranger
Son butin.

Elle pille
Ce qui brille
Puis s'envole.
Triste sort
Des trésors
Qu'elle vole !

85

Tout en moi est malsain :
Je fais pleurer les yeux,
Je mets la gorge en feu,
J'empeste les voisins.

86

Le commencement d'un enchantement
Le milieu de la mer et le bout de la terre
Le début et la fin de tout espace
Ainsi s'achève chaque trace

87

Je compte le temps grain par grain.
Il passe. Il n'en reste rien.

88

Une colonne blanche,
Des larmes qui se figent :
Fleur de feu sur sa tige,
Déjà ma flamme flanche.

89

Qu'est-ce qui est plein de trous
Et qui retient l'eau ?

90

De face, regardez-moi, je suis une personne.
Au dos, retournez-moi, il n'y a plus personne.

91

Parfois je suis un château,
Parfois je suis un chameau,
Mais je peux être un visage,
Un vieux sage, un paysage,
Un monstre, un cacatoès,
Une barque, un aloès...
Je me transforme souvent
Au gré des songes du vent.

92

Grande fille et petite mère,
Tant d'amour entre toi et moi,
Tant de secrets et tant d'émois,
Mon double, ma sœur, ma chimère.

93

Une pelote d'épingles
Pouvant traverser la jungle
En marchant à quatre pattes,
Ça m'épate, ça m'épate.

Un buisson couvert d'épines
Se glissant dans ma cuisine
Venant de la rue piétonne,
Ça m'étonne, ça m'étonne.

Gentil garçon, gai loustic,
Son nom, c'est tout un programme,
Car qui s'y frotte s'y pique !
(Pic et pic et colégram.)

94

Un dos et quatre pieds
– mais je ne peux marcher.

95

Je fouis, je fouille, je m'enfouis,
Je creuse de longs corridors,
Couloirs coudés, chambre au trésor,
Dans la nuit : le jour m'éblouit.
Il faut vous faire une raison :
Un mineur est sous le gazon.

96

Son nom éclate comme un chant :
La Légion d'honneur est aux champs !

97

J'ai la feuille dentelée,
J'ai la fleur jaune fervent,
J'ai mille graines ailées
Que je sème à tous les vents.

98

Au printemps, je prends ma belle parure ;
En été, je mets plus d'habits encor ;
En automne, j'ôte mes habits d'or ;
En hiver, je suis nu dans la froidure.

99

Le vent berça la branche où chantait le pinson.
L'amour berce le bois où rêve un enfançon.
J'ai conservé pour lui mon ancienne chanson.

100

J'ai la peau vraiment dure,
Mais je marque l'allure :
Pour la guerre ou la fête,
Je marche à la baguette.

101

Qui tire les larmes des yeux
Sans chagrin,
Et qui trace vers les cieux
Son chemin ?

102

Je suis en bois ou bien en pierre,
Je ne sais pas du tout nager.
Pourtant, je franchis la rivière.
Qui suis-je ? Avez-vous deviné ?

103

Quand elle est tombée
On ne peut la ramasser

104

C'est moi qui suis ta conquête
Lorsque tu hoches la tête
Et que tu ris
Dans la prairie.

Au pas, au trot, au galop,
Mon cœur bat sous tes sabots.
Emporte-moi
Loin avec toi.

Tu agites ta crinière,
Puis tu sautes la rivière.
Pour moi tu es
La liberté.

105

Long,
Rond,
Profond,
On voit le ciel au fond.

106

Tant que je vis, je dévore,
Dès que je bois, c'est la mort.

107

Sept nains pour sauver Blanche-Neige,
Sept notes, la gamme, un solfège,
Sept doigts aux deux mains des martiennes,
Sept jours pour compter la semaine,
Poètes, sages, sacrements,
Merveilles, chandeliers, tourments...
Marie souffrit les sept douleurs.
Je suis l'écharpe aux sept couleurs.

108

Plus on en retire
Plus on le voit grandir.

109

Je suis noire au-dedans,
Mais ce qui sort de moi
Est blanc le plus souvent
Et c'est tout rouge en bas.

Les réponses :

Le lapin :

1 La souris.
2 Le chou.
3 La rivière.
4 La chauve-souris.
5 Le lit.
6 Le poisson.
7 Le lapin.
8 Le hibou (i - bout).
9 La lune.

Le chat :

10 La clé.
11 La glace.
12 Le givre.
13 Les ailes du moulin.
14 Le pigeon.
15 La neige.
16 Le bonhomme de neige.
17 Le cheval et sa cavalière.
18 Le chat.

La vache :

19 La cloche.
20 La lanterne.
21 L'hirondelle.
22 La scie.
23 L'horloge.
24 Le champignon.
25 La chaussure (chaud - sûr).
26 La vache.
27 Le cerf-volant.
28 Le fer à cheval.

Le canard :

29 L'œuf.
30 La coccinelle ou bête à bon Dieu.
31 Le canard.
32 L'abeille.
33 La noix.
34 La mûre.
35 Le citron (scie -tronc)
36 Le hanneton (âne - ton)
37 Les cerises.
38 La fraise.

La grenouille :

39 Le voilier.
40 La grenouille.
41 L'escargot.
42 L'eau.
43 L'obscurité.
44 Le crabe.
45 L'île.
46 L'ancre (et l'encre).
47 Les étoiles.

Le cochon :

48 Le coq.
49 Le tonneau (tonne - eau).
50 Le balai.
51 L'oignon.
52 Le porc.
53 Le gant.
54 La terre.
55 Les raisins.
56 Le peigne.

La jeune fille :

57 La fille.
58 Les moutons.
59 Le ballon.
60 Le violon.
61 La clôture.
62 L'herbe.
63 Les yeux.
64 Les doigts de la main.
65 La pomme.

Le paon :

66 Le soleil.
67 La paire de ciseaux.
68 Le paon.
69 Le dé.
70 Le livre.
71 L'ombre.
72 Les lunettes.
73 La cigogne.

La chèvre :

74 Le papillon.
75 L'araignée et sa toile.
76 La chèvre.
77 La brouette.
78 Le râteau.
79 L'écureuil.
80 Le chemin.
81 Les quatres roues.

La pie :

82 L'allumette.
83 L'aiguille et le fil.
84 La pie.
85 La pipe.
86 La lettre E.
87 Le sablier.
88 La bougie.
89 L'éponge.
90 Le miroir.
91 Un nuage.

La poupée :

92 La poupée.
93 Le hérisson ou porc-épic.
94 La chaise.
95 La taupe.
96 Le coquelicot.
97 Le pissenlit.
98 L'arbre.
99 Le berceau.
100 Le tambour.

Le cheval :

101 La fumée.
102 Le pont.
103 La pluie.
104 Le cheval.
105 Le puits.
106 Le feu.
107 L'arc en ciel.
108 Le fossé.
109 La cheminée.